Coaching pro | numéro 56

COMMENT NÉGOCIER
AVEC SUCCÈS ?

— Trucs et astuces pour réussir
toutes vos négociations

par Florence Schandeler

50MINUTES

NÉGOCIER AVEC SUCCÈS 5

B.A.-BA D'UNE NÉGOCIATION RONDEMENT MENÉE 7

Appréhender la négociation

Typologie de la négociation et jeux relationnels

Se préparer

Négocier jusqu'à l'accord écrit

TOP CONSEILS 21

FAQ 24

Quels arguments puis-je utiliser pour plaider en faveur de la négociation ?

Quelles règles dois-je respecter pour que la discussion soit constructive ?

Comment savoir si ma négociation est réussie ?

Comment négocier sans paraître manipulateur ?

Mon interlocuteur semble fermé à toutes mes tentatives de compromis, que dois-je faire ?

Quelles sont les caractéristiques d'un bon négociateur ?

À VOUS DE JOUER ! 29

Établir un ordre du jour pour la négociation à venir

Fiche de préparation personnelle à la négociation

POUR ALLER PLUS LOIN 32

NÉGOCIER AVEC SUCCÈS

- **Problématique ?** Comment défendre ses intérêts tout en prenant en compte ceux de la partie adverse de façon à obtenir un compromis satisfaisant, durable et solide ?
- **Utilité ?** Dans un contexte tant personnel que professionnel, savoir mener à bien une négociation permet de résoudre un conflit, de conclure des accords centrés sur les intérêts des deux parties et de renforcer les liens interpersonnels avec vos interlocuteurs.
- **Contexte ?** Relations professionnelles, communication, argumentation, gestion de conflits, etc.
- **FAQ ?**
  - Quels arguments puis-je utiliser pour plaider en faveur de la négociation ?
  - Quelles règles dois-je respecter pour que la discussion soit constructive ?
  - Comment savoir si ma négociation est réussie ?
  - Comment négocier sans paraître manipulateur ?
  - Mon interlocuteur semble fermé à toutes mes tentatives de compromis, que dois-je faire ?
  - Quelles sont les caractéristiques d'un bon négociateur ?

Fatiguées d'une société au pouvoir unilatéral et archihiérarchisé, les mentalités de ces trente dernières années ont évolué vers un intérêt croissant pour les principes de négociation et de coopération. La loi du plus fort est désormais révolue : pour compter sur un travail efficace et une énergie positive, il faut collaborer, créer ensemble et coécrire les règles ainsi que les projets qui balisent notre quotidien. Cette tendance se manifeste aussi bien dans le secteur professionnel que dans notre vie privée.

En effet, nous négocions tous les jours : pour savoir où passer les prochaines vacances de Noël, quel film aller voir au cinéma ; pour obtenir une augmentation, des horaires plus flexibles ; pour conclure un contrat favorable aux deux parties, etc. Dès lors, apprendre à exprimer son point de vue et à le défendre tout en respectant celui de son interlocuteur est primordial pour sortir d'une négociation satisfait et confiant.

Négocier, c'est oser s'affirmer et soulever un point de désaccord pour améliorer sa vie quotidienne ou professionnelle. C'est également se donner un objectif et une marge de manœuvre pour l'atteindre. Enfin, c'est tenter de mesurer le risque et lui comparer le bénéfice du changement. En 50 minutes, découvrez les enjeux de cette démarche et les stratégies à mettre en œuvre pour réussir vos futures négociations.

B.A.-BA D'UNE NÉGOCIATION RONDEMENT MENÉE

APPRÉHENDER LA NÉGOCIATION

Les éléments constitutifs

La négociation est constituée de deux éléments qui la définissent et la distinguent de tout autre acte communicationnel :

- une opposition ;
- et un objectif commun.

Elle oppose en un face-à-face deux personnes ou deux parties, dont les intérêts divergent sur un ou plusieurs points. Contrairement à un simple débat ou à une dispute stérile, les protagonistes, poussés par un intérêt commun à se mettre d'accord, se rassemblent autour d'une table pour trouver un terrain d'entente.

L'échange argumentatif qui a lieu au cours d'une négociation est de ce fait plus complexe et plus riche que celui d'une controverse où les acteurs se contentent de vociférer leur opinion et d'aligner des arguments sans même écouter leur interlocuteur. Par leur volonté de trouver un arrangement, les négociateurs, eux, se doivent d'être attentifs aux besoins ainsi qu'aux requêtes formulées par la partie adverse. Sans négliger leurs propres intérêts, ils doivent envisager une solution contentant les deux parties. C'est bien là toute la difficulté de la tâche.

Quand et pourquoi négocier ?

Afin d'améliorer notre quotidien, nous sommes tous amenés à négocier tant dans notre vie quotidienne que professionnelle. Plusieurs objectifs peuvent être à l'origine de cette démarche :

- résoudre un conflit (aménager une meilleure répartition des tâches ménagères entre les membres d'une famille par exemple) ;
- modifier un contrat (comme négocier une augmentation salariale, passer en 4/5ᵉ ou en mi-temps) ;
- améliorer une offre (dans le cadre d'une vente d'un bien immobilier, vendeur et acheteur doivent s'entendre sur un prix) ;
- finaliser un accord pour optimiser une collaboration (une équipe de sport et son sponsor principal négocieront l'argent alloué en fonction de la place et de la taille du logo sur le maillot porté par les joueurs).

Chaque partie a quelque chose à gagner dans la négociation, alors plutôt que de rester campé sur ses positions, il s'agit de s'engager dans le processus avec un esprit de concorde. Mais avant de se lancer, il convient de vérifier que le jeu en vaut vraiment la chandelle. Si vous désirez par exemple négocier un aménagement d'horaire alors qu'il y a peu votre employeur a déjà modifié celui-ci en votre faveur, vous courrez le risque qu'il interprète votre nouvelle requête comme une éternelle insatisfaction ou comme une marque d'arrogance, ce qui l'inciterait à ne plus examiner aucune de vos demandes futures.

Dépasser les préjugés

Nous agissons dans nos relations en fonction de notre vécu et de nos *a priori*. Dès lors, pour que la négociation se déroule au mieux, nous devons au préalable nous conditionner à percevoir l'image positive de cette démarche, loin de certains stéréotypes et des préjugés qui dominent nos représentations.

Ce qu'est la négociation	Ce que n'est pas la négociation
• Participer à une décision commune. • Être à l'écoute. • Accorder du crédit et de l'estime à chacun. • Trouver un terrain d'entente où chacun perçoit un bénéfice. • Renforcer les relations de confiance et de collaboration entre les différents acteurs.	• Se soumettre à la décision des autres. • Être influencé. • Utiliser un rapport de force, le chantage ou jouer la comédie pour imposer son point de vue. • Perdre, en pensant qu'aboutir à un compromis c'est admettre qu'on a échoué.

TYPOLOGIE DE LA NÉGOCIATION ET JEUX RELATIONNELS

La « négociation raisonnée »

Il existe différents types de négociations. Roger Fisher (1922-2012) et William Ury (né en 1953), fondateurs du Harvard National Project et spécialistes de la négociation, ont élaboré la méthode de la négociation raisonnée ou négociation gagnant-gagnant.

> « Elle consiste à trancher les litiges "sur le fond" plutôt qu'à discutailler interminablement des concessions que les parties en présence sont prêtes à consentir et de celle qu'elles refusent. Chaque fois que c'est possible, on s'attachera à rechercher les avantages mutuels, et, quand les intérêts seront manifestement opposés, on insistera pour que les questions soient tranchées au regard d'un ensemble de critères "justes", indépendants de la volonté des parties en présence. » (FISHER (Roger) et URY (William), *Comment réussir une négociation*, Paris, Seuil, 1985, p. 15)

La négociation raisonnée part de quatre principes :

- l'objet du différend doit être traité séparément des personnes (qui ont un rôle à tenir et doivent veiller à garder la face dans le débat) ;

- la discussion doit se concentrer sur les intérêts des deux parties et non sur leurs positions ;
- il est préférable d'imaginer un grand échantillon de solutions potentielles plutôt que de rester fixé sur une seule ;
- tous les participants doivent exiger que le résultat repose sur des critères objectifs et évaluables. Ces derniers seront formulés ainsi : « La décision sera respectée quand... »

Le respect de ces quatre critères nous garantit de rester dans le cadre d'une discussion rationnelle qui n'engage que l'objet du débat et non les réputations des personnes, et qui tend à trouver une solution concrète et bénéfique aux deux parties. Cette posture a pour avantage d'éviter aux participants une position qu'ils auraient du mal à quitter de peur de devoir admettre un semi-échec ou d'avoir l'impression de perdre la face. La négociation a plus de chance d'aboutir en partant de ce qu'il est possible d'admettre pour les deux camps et en cherchant les intérêts communs, plutôt qu'en soulignant les points de désaccord.

Cette technique est idéale pour obtenir un résultat satisfaisant pour les deux parties, car elle n'entend pas satisfaire pleinement les revendications des deux camps (cela serait impossible), mais tente plutôt de parvenir à un accord équitable au terme d'une discussion respectueuse. Ses deux spécialistes opposent à cette méthode la négociation distributive (ou compétitive) dans laquelle chaque partie tente de maximiser ses gains sans tenir compte des besoins de l'autre. C'est une situation gagnant-perdant, voire perdant-perdant si la négociation échoue.

Illustrons ce type de négociation par un exemple : un employé (E) travaille depuis plusieurs années dans la même banque au service du centre de contact. Son supérieur (S) est très content de son travail et le considère comme l'un de ses collaborateurs les plus efficaces dans ce département. Cependant, ce salarié ne se sent plus épanoui par son travail et souhaiterait travailler dans une agence afin d'avoir un contact plus direct et personnalisé avec les clients. Son responsable ne voit pas tout de suite l'intérêt d'accéder à sa demande : l'expérience de son employé à son poste fait de ce dernier quelqu'un de très compétent. En le changeant de place, il devra trouver une personne aussi qualifiée pour le remplacer... Pour lui, il s'agit d'un investissement financier. Néanmoins, si le manager reste sur sa position, il a davantage à perdre qu'en acceptant la requête de son collaborateur, comme nous le montre le schéma ci-dessous. En appliquant une négociation raisonnée et en prenant en compte les objectifs de chacun, la discussion a plus de chance d'aboutir sur une solution acceptable pour les deux parties.

Mise en situation de la négociation raisonnée

Bon à savoir

Quel que soit le sujet du débat, gardez à l'esprit que tout intervenant, indépendamment de sa culture ou de son parti pris dans le débat, agira dans le but de protéger ses besoins fondamentaux, à savoir :

- un désir de sécurité ;
- la volonté de vivre dans un bien-être économique ;
- l'importance de son appartenance à une communauté (au corps de sa profession, à sa position au sein de l'entreprise, à sa famille...) ;
- la nécessité de se sentir libre et maître de ses choix.

Coopération ou rapport de force ?

Puisqu'elle a pour objectif d'engager une entente commune et réciproque, la négociation raisonnée est par essence coopérative. Elle invite les protagonistes à s'écouter et à se comprendre pour trouver ensemble une solution convenable pour tous.

Cependant, comme dans tout rapport humain, la relation entre les protagonistes peut être asymétrique, introduisant alors dans l'équation un rapport de force. Selon Lionel Bellenger (spécialiste du management des entreprises, né en 1947), il existe six types d'ascendances qui conditionnent les liens entre les participants durant une négociation :

- hiérarchique (différence de rang dans l'entreprise) ;
- du nombre (lorsqu'une des solutions contente le plus grand nombre) ;
- d'ordre conjoncturel (prépondérance d'une société sur le marché) ;
- issue d'un fait de compétence (présence d'un expert sur le sujet à négocier ou d'une personne dotée de plus d'expérience professionnelle) ;
- d'origine naturelle (face à une personnalité charismatique) ;
- d'origine culturelle (l'autorité des anciens dans certains domaines).

Au vu de tous ces paramètres, il paraît évident que la relation entre les négociateurs est rarement neutre. Il faut donc pouvoir analyser et prendre en compte ce rapport de force qui détermine en partie le déroulement de la conversation. Si celui-ci est fortement déséquilibré, il y a fort à parier que l'accord convergera naturellement vers le contentement de la partie se sentant supérieure. Cependant, gardons à l'esprit que si l'on met en place une négociation, c'est pour que chacun y trouve un avantage, et qu'une conversation basée uniquement sur des rapports de force ne peut engendrer que des conflits. La négociation, même dans le déséquilibre des forces en présence, est là pour trouver une solution créative et collaborative permettant à chacun d'y trouver son compte et de s'impliquer dans les décisions prises.

Ainsi, soumis à l'autorité de ses parents, un adolescent répondra plus volontiers à la réalisation de tâches ménagères s'il a pu négocier auparavant une sortie le vendredi soir au lieu de se sentir injustement enfermé au domicile familial. De même, un employé s'impliquera davantage dans son travail s'il peut apporter sa pierre à l'édifice des projets et de l'organisation de l'entreprise au lieu de se cantonner à toutes les règles de son contrat.

LES EXIGENCES DE LA NÉGOCIATION

Négocier, c'est accepter d'associer un tiers à la réalisation d'une décision qui nous concerne. Dès lors, afin que la négociation soit constructive et épanouissante pour chacun, il faut accepter :

- de ne pas avoir un contrôle total de la situation ;
- de subir une certaine tension, nécessairement causée par le désaccord et proportionnelle à la divergence d'intérêts ;
- de devoir défendre ses intérêts face à un interlocuteur ;
- de ne pas toujours atteindre les objectifs que l'on s'était fixés ;
- de se plier à un certain nombre de règles afin que la discussion soit sincère et respecte les opinions et les intérêts de chacun.

Profils des négociateurs

Dans une discussion de groupe, nous adoptons des rôles en fonction de notre caractère et de notre implication dans le débat. Chaque négociateur agit ainsi selon sa personnalité, ses forces et ses faiblesses et, en fonction des composantes et des circonstances, opère selon une certaine dynamique.

Moyennant ces variables, chaque participant adoptera, consciemment ou non, une ou plusieurs positions dans le débat. Dans son ouvrage *Les fondamentaux de la négociation*, Lionel Bellenger met en exergue dix rôles types :

- **le leader**, qui prend la tête de la conversation. Il est suivi par le groupe et parle au nom de celui-ci ;
- **le régulateur**, qui fait office d'animateur du groupe. Il distribue la parole et reformule les propositions afin de marquer la progression dans la discussion ;
- **le suiveur**, celui qui adhère à la mouvance générale et approuve les décisions du groupe ;
- **le rebelle**, qui réfute et objecte les idées émises par le groupe, mettant ainsi l'objectif de ce dernier en péril ;
- **le procédurier** prenant le rôle de policier. Il rappelle les consignes et veille à ce que l'ordre du jour soit respecté ;
- **l'expert**, possédant l'expérience ou l'expertise qui fait autorité concernant la question à négocier ;
- **le candide**, c'est-à-dire le faux innocent, qui interroge pour expliciter les idées émises par le groupe ;
- **l'arrangeur**, toujours en recherche de compromis. Son but est de préserver l'entente cordiale dans le groupe, au risque de proposer des solutions complexes pour contenter tous les participants ;
- **le producteur**, actif et positif dans la collaboration. Il propose des idées sans les imposer ;
- **l'obstructeur**, décidé à perturber le groupe, à l'empêcher d'avancer et tendant à le démobiliser.

En observant les postures adoptées au sein du groupe, nous comprenons qu'une décision collective est à la fois facilitée par certaines attitudes et mise à l'épreuve par d'autres. Dans ce cadre, le succès de la négociation repose sur la force des meneurs du groupe et sur la capacité de tous les participants à identifier l'objectif et à vouloir l'atteindre.

SE PRÉPARER

Préparer une négociation est une étape essentielle : arriver les mains dans les poches avec votre confiance comme unique arme est le meilleur moyen d'échouer ! Cette étape vous amène à définir l'objet à négocier et les enjeux qui sous-tendent cet acte communicationnel, ainsi qu'à élaborer une stratégie pour atteindre vos objectifs.

Diagnostic

La phase de diagnostic est incontournable et nécessaire à toute négociation. Vous devez étudier l'objet à négocier ainsi que la situation et vous renseigner sur les divers protagonistes et les intérêts qu'ils défendront face à vous au cours du débat. Pour cela, informez-vous sur les points forts et les faiblesses de la partie adverse, sur leurs besoins et sur leurs objectifs. Enquêtez également sur ce que propose la concurrence afin de pouvoir vous adapter au cas où. Toutes ces informations constitueront des atouts pour votre argumentation.

Objectifs

Une fois les bases établies, après avoir défini ce dont vous allez débattre et avec qui, vous devez vous pencher sur vos objectifs et sur les moyens de les atteindre. Si vous démarrez une négociation sans savoir ce que vous souhaitez obtenir, vous repartirez bredouille.

Il s'agit donc ici de déterminer votre marge de manœuvre ainsi que votre « MESORE » (MEilleure SOlution de REchange). Pour tracer votre marge de manœuvre ou « zone d'accord possible » (ZAP), analysez la situation en vous posant les questions suivantes : « À quoi puis-je prétendre ? Que puis-je gagner dans cet échange ? » Établissez ensuite votre meilleure hypothèse (hypothèse hyper haute), c'est-à-dire la situation de victoire inespérée, et votre hypothèse basse, qui représente le plus petit gain acceptable, le « c'est toujours ça de pris ». L'écart entre les deux constitue votre ZAP. Faites preuve de précision, en avançant des chiffres par exemple, notamment dans le cas d'une demande de promotion.

Dans le cas où la partie adverse ne concéderait rien, préparez-vous à refuser ses propositions. Pour connaître votre point de rupture, celui où vous devez présenter votre refus, déterminez votre « MESORE » (ou BATNA en anglais *Best Alternative To a Negotiated Agreement*). Elle est définie par Fischer et Ury (dans leur ouvrage *Comment réussir une négociation*) comme la meilleure alternative possible en dehors de la négociation.

Prenons l'exemple de deux employés qui demandent à changer d'équipe. Le premier voudrait changer à cause de certaines tensions qu'il gère au quotidien et qui lui sont désagréables ; le second parce qu'il ne supporte plus travailler avec des collègues qui le harcèlent et qu'il risque de faire un burn out si la situation perdure. Pour le premier salarié, la MESORE serait de rester dans l'équipe, puisqu'il parviendrait néanmoins à s'y accommoder. Pour le second, la MESORE serait de retirer de l'équipe le collaborateur qui agit le plus négativement.

La définition de la MESORE est donc inhérente à l'analyse de chaque situation : que peut-on accepter, de quoi peut-on s'accommoder dans tel ou tel contexte ? Enfin, si aucune solution n'est trouvée au terme de la négociation, vous pouvez formuler une hypothèse de repli et proposer de reprendre la discussion après un temps de réflexion des deux parties ou sur un élément nouveau à débattre.

Définir ses différents objectifs

HHH (hypothèse hyper haute)	Meilleure offre (souvent peu réaliste). Tenter de bluffer pour maximiser les gains.
Risque de refus	
HH (hypothèse haute)	Offre espérée ou plafond (réaliste).
HS (hypothèse de seuil)	But : éviter HB => gestion de la marge en baissant progressivement HH
HB (hypothèse basse)	Offre de réserve ou plancher.
Ligne de refus => « MESORE »	
HR (hypothèse de repli)	Échec de la négociation → Reporter la négociation le temps de réfléchir ou d'apporter un élément nouveau.

DÉFINIR LE NON NÉGOCIABLE

Dans la vie quotidienne comme dans le monde professionnel, tout n'est pas négociable. Au risque de se sentir gravement lésé ou de détruire la relation qui existe entre les collaborateurs vivant un différend passager, il est bon de rappeler qu'on ne négocie en aucun cas avec :

- les règles et valeurs éthiques ;
- le règlement établi par une norme sociale ;
- les conventions et les interdictions juridiquement établies (lois).

Logistique

Dans le cas où vous prenez en charge l'organisation du débat, assurez-vous d'avoir convoqué les différents acteurs :

- en un lieu précis et adapté (possibilité de s'isoler dans le calme) ;
- aménagé pour l'occasion (matériel nécessaire et disposition des protagonistes autour de la table) ;
- et selon un horaire bien établi (heure de départ et durée allouée au débat).

NÉGOCIER JUSQU'À L'ACCORD ÉCRIT

Les bonnes attitudes

Le moteur de l'action pour tout participant est bien entendu la volonté d'aboutir à un arrangement, objectif premier de la négociation. Dès lors, chacun se doit d'agir selon deux axes durant la négociation :

- affirmer sa position durant la discussion en explicitant ses intérêts et en argumentant afin de motiver son point de vue ;
- être à l'écoute de son interlocuteur en évitant de contester ou de juger d'emblée ses arguments. Essayez de vous mettre à sa place pour vous empêcher d'avoir une attitude projective (où l'on assimile nos intérêts propres avec les intérêts communs) et ainsi comprendre et accepter la divergence d'opinions.

En vous préparant à l'idée de compromis, voire de consensus, et en vous concentrant sur l'intérêt que vous apporterait une négociation aboutie, vous parviendrez à canaliser vos actions vers l'essentiel du débat et à faire converger vos intérêts avec ceux de l'autre. Pour une négociation constructive, adoptez les attitudes suivantes :

- établissez la relation avant la négociation. Pour cela, ménagez un temps de parole initial afin que chacun puisse exprimer librement son point de vue sans être jugé et sans que son ressenti soit contesté ou démenti ;
- montrez des signes d'acceptation et de reconnaissance lorsque l'autre parle ;
- incitez votre interlocuteur à définir concrètement ses attentes. N'hésitez pas à lui demander des précisions si vous ne comprenez pas ;

- analysez et mesurez les risques et les conséquences des décisions prises pour chacun ;
- au terme de la négociation, faites le bilan des échecs et des réussites et soulignez ce qui a fonctionné, ce qui a été positif et négatif dans l'échange.

Les issues possibles

Au terme de la discussion collective, on peut aboutir à quatre résultats différents qu'il est nécessaire d'envisager avant d'entamer une négociation et auxquels il faudra donner un suivi.

- Dans le premier cas de figure, la négociation échoue et la discussion s'achève sur un **désaccord**. Ce dernier peut être perçu comme :
  - objectif, si les négociateurs se sont entendus sur le fait qu'ils ne peuvent pas se mettre d'accord ;
  - conflictuel, quand la négociation a mal tourné (attaques personnelles, humiliation d'un interlocuteur) ;
  - différé, lorsque les acteurs ont décidé de postposer les décisions à prendre.
- En deuxième lieu, la négociation peut aboutir à une **concession**. Cela signifie qu'une des deux parties en présence a cédé sur un point sans obtenir de contrepartie. Nous sommes dans ce cas face à un scénario où l'on compte un gagnant et un perdant.

- Le **compromis** forme une troisième possibilité. Les deux parties ont alors toutes deux fait des concessions afin de parvenir à un accord commun où l'essentiel des intérêts de chacune est garanti.
- Dernier scénario envisageable : la négociation est une réussite totale et la solution trouvée ensemble convient unanimement à tous les protagonistes. Nous sommes ici face à un **consensus**.

Une fois l'accord conclu au terme de la négociation, tout n'est pas terminé. Il convient à présent de vérifier que celui-ci sera respecté par les différentes parties. Pour ce faire, il est utile de coucher sur papier les implications de cet arrangement (qui répondent aux questions reprises dans le tableau ci-dessous) et d'en fournir un exemplaire à tous les signataires afin qu'ils soient conscients des mesures et des démarches à entreprendre pour respecter leur parole.

L'après négociation

Qui ? Quelles personnes sont concernées par l'accord ?	
Quoi ? Qu'implique concrètement l'accord (en termes de modification de comportements ou d'actions à mener) ?	
Où ? Quand ? À quel endroit et dans quel contexte s'applique l'accord ?	
Comment ? Quels indicateurs nous montrent que l'accord est bien respecté ?	

TOP CONSEILS

- **Osez vous affirmer.** La confiance en soi, en ses atouts et en ses motivations est un facteur important pour réussir une négociation. Pour vous préparer à défendre votre position au sein du débat, dressez, par écrit de préférence – afin de définir au mieux les tenants et aboutissants de votre argumentaire –, la liste des enjeux, de vos intérêts à défendre et des arguments qui les sous-tendent. Soyez convaincu par vos propos pour convaincre votre interlocuteur.

- **Posez des questions.** Le questionnement est un outil qui vous permet de construire la conversation et d'amener la réflexion vers un terrain plus concret et plus explicite. Dans toutes les phases de la négociation, de la préparation au résultat final, posez des questions à vous-même ainsi qu'à votre interlocuteur : « Quels sont les éléments que je veux voir changer après cet échange ? Pourquoi ? Quels sont concrètement mes intérêts et ceux de l'autre à finaliser cet accord ? Quelles conséquences cette décision entraînera-t-elle dans mon travail ? » Il est indispensable que chaque acteur mesure les intérêts et les bénéfices des propositions soulevées lors du débat.

- **Ne perdez jamais de vue votre objectif.** La meilleure solution pour ne rien obtenir de la négociation est d'oublier ce que vous souhaitiez remporter... Une discussion à bâtons rompus risque fort de vous mener d'un sujet à l'autre et vous pourriez vite être distrait. Pour ne pas perdre de vue la raison pour laquelle vous êtes présent, gardez toujours en mémoire votre objectif. Si vous avez peur de l'oublier, couchez-le sur papier. Cette note posée devant vos yeux vous permettra de recentrer le débat lorsque celui-ci s'écartera du bon chemin.

- **Recherchez et explicitez les intérêts communs.** Un débat de position, dans lequel chacun tente de tirer la couverture à soi et refuse de céder au risque de perdre la face, a toutes les chances d'être stérile. Pour commencer sur de bonnes bases, listez les intérêts communs aux deux parties avant de noter les points de divergences et les besoins de chacune. Vous aurez plus de chance de déboucher sur un résultat positif après avoir présenté les avantages à s'entendre avec les autres.

- **Réfléchissez à des solutions originales.** Il est possible qu'au terme de la conversation, aucune solution convenable n'émerge. Dès lors, tentez d'ouvrir votre champ des possibles en présentant des idées nouvelles, innovantes et originales. Elles pourraient plaire à votre interlocuteur ou permettre à celui-ci de rebondir dessus.

- **Pratiquez l'écoute active.** Contrairement à une controverse où chacun campe sur ses positions, une négociation nécessite de savoir prendre en compte le point de vue de l'autre. Pour ce faire, optez pour une écoute active envers l'autre en :
  - encourageant la discussion par une attitude bienveillante (évitez de le couper dans sa prise de parole par exemple) ;
  - posant des questions ouvertes afin qu'il puisse expliquer ses attentes et ses besoins ;
  - reformulant les arguments qui sont utilisés pour vérifier leur bonne compréhension.

  Ces trois étapes sont essentielles pour prendre en compte la parole de l'autre et éviter d'interpréter celle-ci par notre pensée projective, qui reformule les idées des autres au travers de notre propre point de vue.

- **Gardez à l'esprit l'importance de la bienveillance entre les participants.** La négociation est une collaboration, qui exige de l'écoute et un minimum d'entente entre les participants pour stimuler l'envie d'aboutir à un compromis. Dès lors, il va de soi que la conversation doit se dérouler dans une bienveillance et un respect mutuels. Si un protagoniste est déprécié et jugé lors de ses interventions, il ne pourra pas être sincère dans l'énumération de ses attentes et de ses intérêts et se sentira lésé par la solution proposée. Par conséquent, il sera réticent à l'accepter et il ne percevra pas l'intérêt de respecter les lignes de conduite issues de la négociation qui n'aura donc servi à rien.

- **Veillez à garder un équilibre entre les deux parties.** La négociation est un processus de décision constructive qui stimule et qui enrichit la collaboration entre deux collègues ou entre deux partenaires. S'il est vrai que lors d'un débat autour d'un désaccord nous pouvons retrouver le cas de figure d'un gagnant qui a obtenu ce qu'il désirait face à un perdant qui a dû faire des concessions pour solutionner le problème, il faut veiller à ne pas multiplier et systématiser ce cas de figure. Une collaboration où les concessions ne sont pas mutuelles et où les intérêts de base de chacun ne sont pas respectés, ou sont constamment remis en cause, n'est pas destinée à durer.

- **Prenez le temps et persévérez.** Il y a peu de chances pour que votre négociation se termine sur une franche réussite au bout de dix minutes. Cette démarche requiert du temps et de la patience. Si vous souhaitez expédier l'affaire en deux temps trois mouvements, la partie adverse aurait l'impression que vous ne la prenez pas au sérieux et sera moins encline à accepter un accord.

- **Réclamez plus.** Si vous ne formulez qu'une seule requête, elle risque d'être refusée tandis qu'en exprimant plusieurs demandes, vous augmentez vos chances d'en voir au moins une acceptée.

FAQ

QUELS ARGUMENTS PUIS-JE UTILISER POUR PLAIDER EN FAVEUR DE LA NÉGOCIATION ?

Nous pouvons citer certains de ces bienfaits :

- elle reconnaît à tous un pouvoir décisionnel et responsabilise ainsi les acteurs en présence quant à la décision soutenue par le groupe ;
- elle fait partie d'un apprentissage de la vie en société et en entreprise ;
- elle véhicule des valeurs d'ouverture, d'écoute, de tolérance et de créativité ;
- elle symbolise la démocratie et représente un garde-fou contre les abus de pouvoir ;
- elle incite à la collaboration et permet de resserrer les liens interpersonnels ;
- bien menée, elle garantit une prise de décision de qualité par la considération et par la confrontation d'opinions divergentes.

QUELLES RÈGLES DOIS-JE RESPECTER POUR QUE LA DISCUSSION SOIT CONSTRUCTIVE ?

Pour instaurer un climat bienveillant et favorable à la conversation, suivez ces quelques conseils :

- veillez à la répartition du temps de parole. Tout le monde doit avoir l'occasion de s'exprimer librement tout en ayant conscience de la place qu'il occupe dans la discussion ;
- prenez en compte et restez ouvert face au point de vue de l'autre, sans quoi la discussion ne serait qu'un dialogue de sourds ;

- faites preuve d'une conception participative de la confrontation. Au lieu de démarrer la conversation en exposant ce que chacun cherche à obtenir et donc en marquant les divergences d'opinions, partez des points de convergence et de l'objectif commun ;
- chaque participant doit parvenir à expliciter et à démontrer le bien-fondé de son point de vue ;
- faites attention à votre langage corporel. Soyez souriant, accueillant, regardez votre interlocuteur dans les yeux et parlez calmement ;
- engagez-vous vers une décision collective, en acceptant d'écouter l'autre, de remettre en cause votre point de vue et de changer votre opinion pour prendre en compte toute la réalité du débat.

COMMENT SAVOIR SI MA NÉGOCIATION EST RÉUSSIE ?

Quatre questions concrètes vous permettront de savoir si la négociation est réussie.

	Réussite	Échec
La négociation a-t-elle permis d'aboutir à un résultat, à un accord (consensus ou compromis) ?	Oui	Non
La négociation répond-elle aux intérêts légitimes des deux parties et permet-elle de résoudre les conflits d'intérêts équitablement ?	Oui	Non
La négociation compromet-elle les personnes impliquées dans la décision ?	Non	Oui
L'accord établi à l'issue de la négociation tient-il compte des intérêts de la communauté et est-il viable sur la durée ?	Oui	Non

COMMENT NÉGOCIER
SANS PARAÎTRE MANIPULATEUR ?

La différence fondamentale entre un négociateur et un manipulateur réside dans la considération accordée à l'interlocuteur. Alors qu'un manipulateur agit au détriment de ce dernier, le négociateur tentera le plus souvent de rechercher des solutions favorables aux deux parties.

Il est important de garder à l'esprit que l'on interagit toujours avec une personne qui cherche à recevoir et non à donner. Vous devez donc faire en sorte, pour une stratégie de négociation durable, que votre interlocuteur trouve son intérêt dans l'acceptation de votre proposition.

MON INTERLOCUTEUR SEMBLE FERMÉ
À TOUTES MES TENTATIVES DE COMPROMIS,
QUE DOIS-JE FAIRE ?

Il se peut que, même avec une argumentation solide, vos tentatives de compromis restent vaines. Votre interlocuteur n'en démord pas, il est inconcevable pour lui d'accéder à la moindre de vos requêtes. Face à un refus aussi catégorique, il est important de comprendre la raison de sa position :

- il peut ne pas accéder à votre requête pour des raisons qui le dépassent et se trouvent hors de son contrôle. Dans ce cas, inutile d'insister auprès d'une personne qui n'a pas le pouvoir de vous accorder ce que vous souhaitez ;
- il est possible qu'il ne soit pas actuellement dans de bonnes dispositions pour vous répondre favorablement. Débordé par le travail et stressé par les échéances, il n'a pas le temps d'examiner

votre demande. Dans ce cas, vous pouvez toujours lui proposer de lui fournir un rapport écrit de votre requête ou d'en reparler à un moment plus opportun ;

- il se pourrait également qu'il n'ait pas de réelles raisons de vous dire non. Dans ce dernier contexte, tentez d'orienter le débat sur l'intérêt qu'il pourrait retirer d'un arrangement avec vous, par rapport à sa situation actuelle.

Si la réponse reste négative, dans l'idée de comprendre votre interlocuteur et de persévérer dans votre demande, clôturez l'échange avec les questions : « Que manque-t-il pour que votre réponse soit positive ? », « Sous quelles conditions auriez-vous pu accéder à ma demande ? »

QUELLES SONT LES CARACTÉRISTIQUES D'UN BON NÉGOCIATEUR ?

- Le bon négociateur se prépare et prend du recul par rapport à la situation à négocier. Nous l'avons vu, une négociation réussie repose sur une bonne préparation de la rencontre. Un négociateur efficace aura étudié auparavant les tenants et aboutissants de ses propositions et aura anticipé l'argumentaire de l'autre.

- Il respecte les personnes tout en restant ferme sur ses objectifs. Un négociateur performant peut distinguer le professionnel du personnel. Pour de multiples raisons, il peut arriver que la négociation entre deux collègues ou entre un employé et son patron échoue. Cela ne signifie pas que le rapport entre les deux personnes s'altère pour autant. En posant les balises de la discussion et ne remettant jamais en question la personne en elle-même (en ne formulant aucune réflexion sur son caractère ou sur son identité), on négociera dans un cadre strict et précis, et la relation sera préservée.

- Il perçoit son interlocuteur comme un partenaire. Négocier, ce n'est pas mener un combat de boxe. Idéalement, une négociation se conclut par deux victoires et ne comprend donc que des gagnants. Dans ce cadre, le négociateur doit voir l'autre non pas comme un adversaire, mais comme un allié.

- Enfin, un bon négociateur prendra toujours le temps, au terme de l'échange, de synthétiser les points positifs de la discussion en rappelant ce que les deux parties ont gagné dans le compromis et en mettant en avant l'intérêt qu'ils ont à concrétiser leurs promesses. Il conclut ainsi sur un échange positif.

À VOUS DE JOUER !

ÉTABLIR UN ORDRE DU JOUR POUR LA NÉGOCIATION À VENIR

Pour vous aider à garder le cap durant la négociation, définissez le sujet qui sera évoqué et les objectifs de la réunion.

Ordre du jour

<table>
<tr><td colspan="2">Thème de la négociation :
....</td></tr>
<tr><td>Date de la réunion :

Heure :

Durée :

Local :</td><td>Participants :
•

•

•

•</td></tr>
<tr><td colspan="2">Objectif de la négociation : sur quels points doit-on se mettre d'accord ?
....
....</td></tr>
<tr><td colspan="2">Compte-rendu des décisions adoptées par le groupe (à remplir durant la réunion) :
....
....</td></tr>
</table>

FICHE DE PRÉPARATION PERSONNELLE À LA NÉGOCIATION

Puis, pour vous préparer personnellement, remplissez la fiche ci-dessous.

Fiche de préparation personnelle

<table>
<tr><td colspan="2">Thème de la négociation :
....</td></tr>
<tr><td colspan="2">Mes objectifs au terme de cette négociation :
....
....</td></tr>
<tr><td>Les besoins qui sous-tendent mes objectifs (pourquoi ai-je besoin d'atteindre ces objectifs ?) :
....
....
....
....</td><td>Mes arguments (comment défendre mes objectifs ?) :
....
....
....
....</td></tr>
<tr><td colspan="2">Ma marge de manœuvre ou zone d'accord possible (ZAP) :
• Hypothèse hyper haute : ....
....
• Hypothèse haute :..
....
• Hypothèse de seuil :..
....</td></tr>
</table>

- 31 -

Votre avis nous intéresse !

*Laissez un commentaire sur le site de votre librairie en ligne
et partagez vos coups de cœur sur les réseaux sociaux !*

POUR ALLER PLUS LOIN

SOURCES BIBLIOGRAPHIQUES

- BELLENGER (Lionel), *Les fondamentaux de la négociation. Stratégies et tactiques gagnantes*, Paris, ESF éditeur, 2004.
- BOUTTY D'ANTIN (Martine), PLUYETTE (Gérard) et BENSIMON (Stephen), *Art et techniques de la négociation*, Paris, Jurisclasseur, coll. « Pratique professionnelle », 2003.
- DUPONT (Christophe), *La négociation. Conduite, théorie, applications*, Paris, Dalloz, 1990.
- FISHER (Roger) et URY (William), *Comment réussir une négociation*, Paris, Seuil, 1982.
- MOYSON (Roger), *Communiquer dans l'entreprise et dans la vie. Négociation, collaboration et tolérance*, Bruxelles, De Boeck Université, coll. « Le management en pratique », 1997.

SOURCES COMPLÉMENTAIRES

- AUSSANT (Isabelle), *Comment négocier son salaire ? Entre embauche et promotion*, Bruxelles, Lemaitre Publishing, 2015.
- BEAUVOIS (Jean-Léon) et JOULE (Robert-Vincent), *Petit traité de manipulation à l'usage des honnêtes gens*, Grenoble, PUG, 2014.
- BELLENGER (Lionel), *La boîte à outils du négociateur. Les meilleurs techniques pour questionner, argumenter, réfuter*, Paris, ESF éditeur, 2004.
- LEMPEREUR (Alain) et COLSON (Aurélien) *Méthode de négociation. On ne naît pas bon négociateur, on le devient*, 2e édition, Paris, Dunod, 2010.

www.50minutes.com

Éditeur responsable : Lemaitre Publishing
Avenue de la Couronne 382 | BE-1050 Bruxelles
info@lemaitre-editions.com

ISBN ebook : 978-2-8062-6504-3
ISBN papier : 978-2-8062-6505-0
Dépôt légal : D/2015/12603/237
Photo de couverture : © japolia - Fotolia.com

Conception numérique : Primento,
le partenaire numérique des éditeurs